Made in the USA
Las Vegas, NV
19 September 2022

55600392R00057